mille chemins vers l'amour

mille chemins vers
l'amour

David Baird

Albin Michel

Sommaire

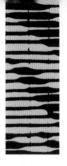

Introduction

Qu'est-ce que l'amour ?
On lui consacre des livres, des chansons, des films et
des poèmes, des roses et des bonbons, des jours et
des nuits, mais que savons-nous en réalité de
l'amour ? Quel rôle joue-t-il dans notre vie, quel rôle
jouons-nous vis-à-vis de lui ? Où faut-il le chercher,
quelles formes prend-il ? Comment donner notre
amour aux autres, et comment nous donner pour lui ?
Qui aimons-nous, qu'aimons-nous ? Pourquoi ?

Il y a autant de réponses à ces questions que d'individus pour les poser. Depuis la nuit des temps, l'amour est source de délectation et de perplexité, d'inspiration et de confusion. Dans les pages qui suivent, nous vous emmènerons à la découverte de l'amour sous tous ses angles, et nous espérons vous montrer combien ce sentiment mystérieux et vénéré a été et sera toujours l'obsession permanente de l'humanité.

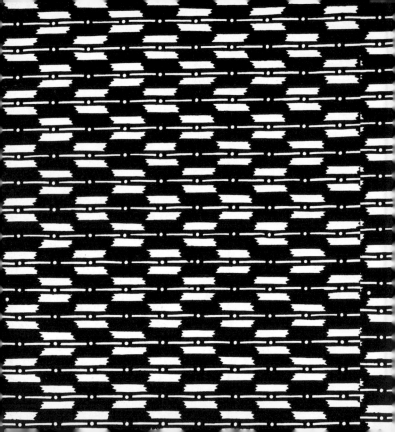

Vous avez
dit amour ?

L'amour est une promesse
qui n'est jamais rompue.

L'amour est une fortune
que vous ne pourrez jamais
dépenser.

L'amour est une graine
qui germe en tout lieu.

L'amour est une lumière
qui ne faiblit pas.

L'amour est l'artisan de nos plus beaux souvenirs et le fondement de nos rêves préférés.

L'amour, une chose à laquelle on aspire sans le savoir.

L'amour n'est compréhensible que par ceux qui aiment.

Ne vous tracassez
pas pour l'amour.
C'est l'amour qui
vous trouvera quand
ce sera votre heure.

Le plus beau
cadeau est
une parcelle
de soi.

L'amour est une chanson impossible à chanter en solo.

Celui qui aime admire avec le cœur ; celui qui admire aime avec l'esprit.

L'amour est le plus bel instinct : suivez la voie de votre cœur.

Le cœur ne raisonne pas.

L'amour est un rêve dont il faudrait ne pas se réveiller.

Qui craint l'amour craint la vie.

L'amour est un jeu dépourvu de règles, et le gagnant remporte tout.

Aimer, c'est le seul moyen d'apprendre à aimer.

N'oubliez pas : amour donné ne se reprend pas.

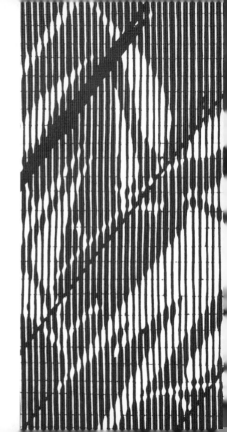

L'amour est
un cadeau
qui ne vaut rien
s'il n'est donné
librement.

Un cadeau emballé avec amour est toujours assez grand.

Une vie vécue dans l'amour est une vie digne d'être vécue.

Il faut aimer de tout son cœur.

L'amour est la clé du portail qui mène à la félicité.

L'amour est à la fois
plaisant et terrifiant.

L'amour ne se contente pas
de faire tourner le monde ;
il rend le tour intéressant.

L'amour ne sait pas
vivre seul.

L'amour, comme la mer, a son flux et son reflux : la mer n'est jamais pleine, le cœur n'est jamais plein d'amour.

L'essentiel est d'être
capable d'aimer.

L'amour est peut-être le seul
coup d'œil qui nous soit accordé
sur l'éternité.

On dit que les amants ne se sont pas rencontrés un jour, en un lieu : ils sont toujours déjà l'un dans l'autre.

**Le grand amour
exige une grande audace.**

Si votre amour est vrai, n'hésitez pas à prendre pour lui tous les risques.

Le comble du bonheur, c'est la certitude d'être aimés pour nous-mêmes, ou plutôt en dépit de nous-mêmes.

Vous n'aimez pas un être parce qu'il est beau ; il est beau parce que vous l'aimez.

Ne sous-estimez pas le pouvoir de l'amour.

L'amour est une main de fer dans un gant de velours.

L'amour est le plus beau cadeau
que l'on puisse faire ou recevoir.

**Le moyen d'aimer une
chose, c'est de se dire
qu'on peut la perdre.**

L'amour est aussi fragile qu'une aile
de papillon.

Le cœur a ses
raisons que la raison
ne connaît pas.

En se tournant vers le passé, on s'aperçoit que les choses réalisées sous la houlette de l'amour correspondent aux instants où nous étions vraiment en vie.

L'amour est le plus grand conquérant.

La musique est de l'amour à la recherche de paroles.

L'amour est un ensemble orchestral.

La plus grande gloire de l'humanité est dans l'amour d'un être pour un autre.

Si vous ne ressentez rien, c'est que vous n'êtes pas en vie. Alors courage : ne vous empêchez pas d'aimer.

Un moment de vie passé dans l'amour vaut une vie entière sans amour.

C'est quand il ne coûte rien que l'amour a le plus de prix.

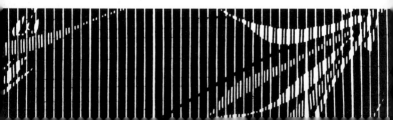

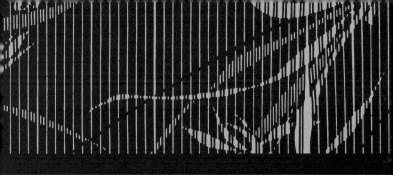

Aimer, ce n'est pas trouver l'être parfait, c'est trouver que l'être imparfait est parfait.

Nul n'est pauvre, qui est aimé.

Nul n'est laid, qui est aimé.

Nul n'est sot, qui est aimé.

L'amour est le
plus grand
transformateur.

Le cœur voit
ce que l'œil ne voit pas.

Les plus grandes peines
sont dues à l'absence
de l'être aimé.

L'amour nous donne la force de nous résigner.

Si vous voulez donner votre amour, commencez par vous aimer vous-même.

En te tenant dans mes bras, je tiens la terre entière.

Chacun a la capacité d'aimer
et d'être aimé.

L'amour a un parfum d'éternité.

L'amour rend le cœur résistant
quand le corps est trop faible.

Amour d'un jour,
amour toujours.

Le temps prend une autre
dimension pour ceux qui
aiment.

L'amour est le maître du monde.

L'amour a le pouvoir d'illuminer la nuit.

L'amour fait rire autant qu'il fait pleurer.

L'amour
couvre
les yeux
de désir
et pare
le cœur
de grâce.

Quand mon amour est proche, je le sens par toutes les fibres de mon corps.

Celui qui ne sait pas pardonner ne sait pas aimer.

L'amour est sans rancune.

Les plus belles
choses de ce
monde ne peuvent
s'appréhender
que par le cœur.

L'amour est un élixir de jeunesse.

**L'amour lui-même nous
rend capables d'endurer
la perte de l'amour.**

La passion est une soif
impossible à étancher.

Aimer, c'est vouloir ce que nous avons, non ce que nous ne pouvons avoir.

Entre celui qui donne sans amour et celui qui donne son amour, lequel des deux fait le plus beau don ?

Aucune jouissance dans cette vie n'égale les affres délicieuses de l'amour.

L'amour donné sous conditions n'est pas de l'amour.

Aimez comme si vous ne deviez jamais souffrir.

L'amour grandit à force de donner.

L'amour donné sans esprit de retour est le seul que l'on garde.

La confiance est le meilleur gage d'amour.

L'amour est l'amitié mise en musique.

L'amour est le rythme de la vie.

Avant toute chose, l'amour est don de soi.

L'amour, c'est quand, dans une journée, on tourne ses pensées plus souvent vers l'autre que vers soi-même.

Si vous voulez
être aimé,
aimez.

Les vraies histoires d'amour ne connaissent pas de fin.

Quand on perd le sommeil parce que la réalité est meilleure que le rêve, cela signifie que l'on est amoureux.

C'est à mon amant que je dois de savoir ce qu'est l'amour.

Le premier devoir en amour, c'est d'écouter l'autre.

Qu'y a-t-il à craindre de l'amour ?

Notre unique raison de vivre : aimer et être aimés.

À trop craindre l'amour, on craint aussi la vie.

L'amour est aussi nécessaire
à la vie que l'air que je respire.

Celui qui sème de l'amour
récolte de l'amour.

Vous ne pouvez pas forcer quelqu'un à vous aimer. Mais vous pouvez devenir digne d'être aimé.

Nous ne pouvons choisir l'objet de notre amour, mais nous pouvons choisir de qui nous accepterons l'amour.

J'aime ma moitié, non parce qu'elle est parfaite, mais parce qu'elle est parfaite pour moi.

Les couples qui s'aiment se disent des milliers de choses sans prononcer une parole.

Proverbe chinois

Le secret du
bonheur, c'est
l'amour
partagé.

Quand l'amour vous tient, il ne vous lâche plus.

L'amour choisit l'endroit où il va porter son coup.

Une fois que vous aurez appris à aimer, vous aurez appris à vivre.

L'amour transforme
la vie quotidienne en
conte de fées.

L'amour n'est pas qu'un mot.

L'amour n'est pas qu'un acte.

L'amour est un colosse, mais il peut se cacher dans les recoins du cœur humain.

Le cœur est un jardin
où l'amour pousse comme
de la mauvaise herbe.

Il est comblé, celui qui est aimé par
la personne qu'il aime.

L'amour, c'est à vous
couper le souffle !

La relation idéale est celle où l'amour de l'un pour l'autre est plus fort que le besoin de l'un pour l'autre.

Aucune langue ne sera assez riche pour décrire le véritable amour.

L'amour
a de la
patience.

Dans la vie, les actes en disent plus long que les mots. En amour, les yeux ont le monopole de la conversation.

Le plus sûr moyen de recevoir de l'amour est d'en donner.

Ne vous cramponnez pas trop à votre amour, c'est le plus sûr moyen de le perdre.

L'amour est une pulsion incontrôlable.

Ne croyez pas pouvoir infléchir le cours de votre amour, c'est lui qui dirige le cours de votre vie.

En amour, c'est le cœur qui gouverne l'esprit.

L'amour et la raison sont étrangers l'un à l'autre.

L'amour est inexplicable.

L'une des choses les plus terribles dans la vie, c'est de prendre conscience que l'on est amoureux !

D'où nous vient
ce besoin de tomber
amoureux ?
D'où nous vient
ce besoin de nous
sentir aimés ?

S'épouser

Quoi de plus beau pour deux âmes que de sentir qu'elles ne font qu'un ?

Certains fiancés se font du souci pour leur cérémonie nuptiale, mais les vrais amants se réjouissent de leur union, quelque forme qu'elle prenne.

L'amour implique une certaine dose de risques, comme tout ce qui est digne d'intérêt.

L'amour est une question
de choix.

Vous n'avez pas décidé
consciemment de votre
amour ? Alors, ce n'est pas
de l'amour. C'est, comme on
dit, n'importe quoi.

Le mariage doit reposer sur l'amour.

Demandez-vous si votre sentiment est assez souverain pour que vous soyez préparé à tout risquer pour lui.

Aime une seule fois dans ta vie et tu seras heureux.

« Je t'aime » : ce court énoncé correspond au plus grand investissement jamais réalisé. On le formule dans l'espoir qu'il sera payé de retour, ou du moins qu'il nous sera retourné avec des intérêts.

À amour absolu,
risque absolu.

Une parole prononcée avec
affection et douceur a
beaucoup plus de valeur
que n'importe quel cadeau.

L'amour qui prend l'érotisme pour seul support mène à la rancœur et à la jalousie.

Nous sommes enclins à nous jeter dans les bras de celui qui nous détruira tôt ou tard.

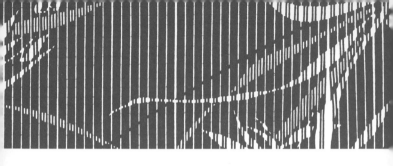

L'amour est une question de risque.

L'amour est une question de choix.

L'amour est une question de fidélité.

L'amour est une question de confiance.

Nous avons tendance à trouver intelligentes les personnes qui sont du même avis que nous.

Le véritable amour ne se construit pas sur l'intérêt personnel.

Croyez-vous pouvoir aimer une personne que vous ne respectez pas ?

Le plus sûr moyen d'être dupé est de se croire plus malin que l'autre.

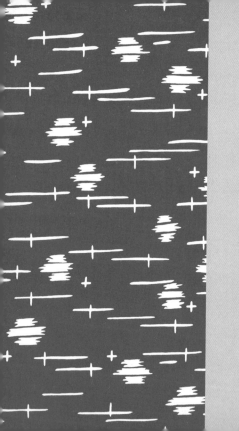

Qu'est-ce
que le
mariage ?
Une
entreprise
en nom
collectif
où les
partenaires
partagent
leur vie.

Le mariage est une affaire
de régularisation.

Que serait l'opéra sans
l'amour ? Il n'est pas un livret
qui ne lui soit consacré.

À l'opéra comme au théâtre,
l'amour et la mort partagent
le même vestiaire.

En amour, pensez à donner et non à recevoir.

L'être humain se juge aux choses qu'il aime.

Avant de tomber, demandez-vous si cet amour est raisonnable, et si le jeu en vaut la chandelle.

L'amour rend parfait ce qui est imparfait.

L'amour ne connaît pas de frein.

Les vicissitudes liées à l'amour – le chercher, tomber dans ses rets, s'en libérer ou vivre en son sein – sont la seule et unique obsession de l'humanité.

Un amour sans examen préalable ne vaut rien.

Qui découvre l'amour découvre ce que vivre signifie.

Vous êtes nés ensemble et à
tout jamais vous resterez
ensemble… Mais qu'il y ait
des espaces dans votre union.
Et que les vents des
firmaments dansent entre
vous !

Khâlil Gibran

Le mariage est fait de beaucoup d'ire,
le célibat est fait de peu de plaisirs.

Le mariage est la combinaison
d'une multitude de tentations avec
une multitude d'opportunités.

L'amour est le plus grand spoliateur
de bon sens, à condition d'en avoir à
l'origine.

L'amour est le plus grand fournisseur
de bon sens, à condition de ne pas
en avoir à l'origine.

Une vie entière de bonheur ! Nul être au monde ne pourrait le supporter, ce serait l'enfer sur terre !

George Bernard Shaw

L'amour
est la
récompense
de l'amour.

Trouver un chagrin pur et absolu, c'est aussi rare que trouver un bonheur pur et absolu.

Vous pouvez savoir à quel point une personne en aime une autre en lui posant la question. Si la réponse vient aisément, c'est qu'elle aime avec tiédeur. Si la réponse est difficile à venir, c'est qu'elle aime avec ferveur.

L'amour, quelle folie, quel ennui !

Les amoureux parlent entre eux un langage qu'ils sont seuls à comprendre.

Ce que vous préférez chez votre amant sera bientôt ce qui vous irritera le plus.

La distance n'est pas un obstacle à l'amour.

Chercher un amour sans jalousie revient à chercher une aiguille dans une botte de foin.

Le seul instant de plénitude et d'authenticité dans notre vie est celui où nous aimons pour la première fois.

Si vous ouvrez votre cœur, l'amour ouvrira votre esprit.

La haine est facile, l'amour ne va pas sans hardiesse.

L'absence aiguise
l'amour.
La présence
le fortifie.

Nous vivons là où nous aimons.

L'amour suscite l'amour.

En additionnant l'amour et le libre arbitre, on trouve l'énergie.

Où que l'amour ait résidé, il laisse toujours des traces derrière lui.

L'amour a son instinct, il sait trouver le chemin du cœur comme le plus faible insecte marche à sa fleur avec une irrésistible volonté qui ne s'épouvante de rien.

Honoré de Balzac

Chacun entend ce que vous dites.
Vos amis vous écoutent.
Votre amant sait.

Il ne suffit pas d'aimer ;
il faut aussi le dire.

L'amour ne prend forme
qu'après avoir été donné.

L'amour fait passer le temps.
Le temps fait passer l'amour.

L'amour se suffit à lui-même.

L'amour est la différence entre l'objet de nos désirs et la raison de ces désirs.

L'amour a ses responsabilités, tout comme la folie.

Les couples divorcent souvent pour des questions de religion. L'un des deux se prend pour Dieu !

Ne frappe
jamais ta
femme,
même avec
une fleur.
Proverbe
hindou

Le sentiment amoureux est une merveille. Mais si ce sentiment nous est retourné, c'est le *nec plus ultra*.

Votre bien-aimé est celui qui connaît la chanson écrite au fond de votre cœur et qui vous la chantera si vous en oubliez les paroles.

Une montagne est une montagne.
Un lac est un lac.
L'amour est l'amour.

Quand toutes choses ne font qu'un, cela
s'appelle l'amour.

Un revers a toujours son revers.

Une table au pied cassé sera toujours une table.

Quand vous brûlez d'amour, c'est vous qui prenez feu.

Soyez prêt à voir les choses du point de vue de votre bien-aimé, quand bien même vous ne seriez pas d'accord avec lui.

J'aime, donc je suis digne d'être aimé.

Il est facile de tomber amoureux. Il est plus difficile de trouver quelqu'un pour vous rattraper.

Les liens du mariage sont si lourds qu'il faut être deux pour les porter, parfois même trois.

Quand
deux
amants
traversent
un champ,
que
laissent-ils
derrière
eux ?
L'amour.

Il faut un œil ouvert pour rencontrer le grand amour, mais les deux yeux fermés pour le garder.

Le fruit défendu a meilleur goût, mais il pourrit plus vite.

Aimer, ce n'est pas se regarder
l'un l'autre, c'est regarder ensemble
dans la même direction.

Antoine de Saint-Exupéry

L'amour prend comme du ciment : plus on s'attarde, moins on parvient à s'en dégager. Et quand par chance, on s'en est dégagé, on y laisse toujours une ou deux chaussures.

Si le véritable amour ne doit venir frapper à votre cœur qu'une seule fois dans votre vie, soyez là pour lui ouvrir.

Encore plus extraordinaire que de se sentir aimé : se l'entendre dire.

Avant le mariage, on vous soupçonne d'avoir un secret d'amour, après le mariage, on vous soupçonne de ne plus l'avoir.

Le mariage est le pivot de la vie, autour duquel tournent les roues du bonheur et du malheur.

Il suffit d'une minute pour tomber amoureux d'une personne, d'une heure pour l'apprécier, d'un jour pour l'aimer, mais cela peut prendre une vie pour l'oublier.

Avant le mariage, gardez les yeux grands ouverts, après le mariage, laissez-les à moitié fermés.

Le mariage est un souvenir de l'amour.

Les querelles n'épargnent ni les meilleurs amis ni les plus grands amants. Ce qui ne signifie pas qu'ils ne s'aiment pas.

La femme épouse un homme en espérant qu'il changera, mais il ne change pas. L'homme épouse une femme en espérant qu'elle ne changera pas, et elle change.

Par deux fois, l'homme et la femme ont du mal à s'entendre : avant le mariage et après le mariage.

En amour, celui des deux qui aime le moins mène la danse.

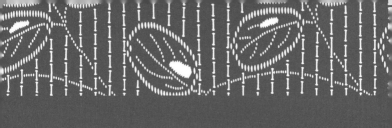

Si vous espérez être aimé,
n'hésitez pas à dire qui
vous êtes.

Le moment où nous avons le plus besoin d'amour est celui où nous le méritons le moins.

Le véritable amant est celui qui passe outre vos échecs et tolère votre réussite.

L'amour ne fait pas de compétitions.

Les meilleurs couples sont ceux qui permettent à chacun de mettre en valeur ce qu'il a de meilleur en lui-même.

Le temps est le véritable arbitre de l'amour.

L'amour, l'amitié et le bonheur sont inséparables.

Aimer, c'est avoir une confiance infaillible dans l'autre, l'aimer du fond du cœur.

Si nous tombons amoureux d'une personne parce qu'elle nous fait rire, qu'arrivera-t-il quand elle ne nous fera plus rire ?

Si nous tombons amoureux d'une personne pour sa beauté, qu'arrivera-t-il quand sa beauté se fanera ?

Si nous tombons amoureux d'une personne parce qu'elle peut subvenir à nos besoins, qu'arrivera-t-il quand elle perdra sa fortune ?

Aimez votre conjoint uniquement pour lui-même.

Celui qui vous aime
comprend votre passé,
croit en votre avenir et vous
accepte aujourd'hui tel que
vous êtes.

L'amour ne perdra rien de sa valeur :
il nous donne des souvenirs qui nous
réjouiront à tout jamais.

Nous ne connaîtrons peut-être jamais tout ce qu'il y a à connaître de l'amour, mais chaque jour ensemble nous en apprendra un peu plus sur nous-mêmes.

L'amour est une rencontre entre des esprits, des cœurs et des âmes.

L'amour sera toujours l'amour,
quels que soient ses défauts.

**Sachez entourer votre
amour d'éclats de rire
et de plaisirs partagés.**

Méfiez-vous d'un amant qui cherche à vous exploiter.

Aimer tout en étant aimé : la quintessence de l'amour.

Pour aimer, il faut être fidèle, et pour être fidèle, il faut être solide.

L'amour attendrit les cœurs.

Aimer et être aimé, c'est ressentir la vie des deux côtés du cœur.

Qui ne craint rien
n'aime rien.

Comment parler d'amour si vous n'êtes pas prêt à capituler devant l'autre ? Sans sacrifice de soi, il n'y a pas d'amour.

Nos sentiments existent tels quels. À nous de choisir ce que nous voulons en faire.

Réduisez une personne à sa composition chimique et elle ne vaudra pas grand-chose, mais ajoutez l'amour d'une autre personne et elle sera sans prix.

Une vie passée en amour est une vie bien vécue.

Si vous espérez un jour être aimé, dites qui vous êtes.

L'amour est comme la guerre, facile à déclarer, difficile à achever.

Cessez de consumer votre vie à la recherche de l'amour. L'amour saura bien vous trouver.

Il s'avère que ce ne sont pas nos actions mais nos fréquentations qui sont essentielles à notre bonheur.

La nature
de l'amour

Malgré tous nos efforts, nous n'atteindrons jamais la perfection... mais notre capacité à aimer nous en rapprochera un peu.

L'amour idéal est celui qui place les besoins des autres au-dessus de ses propres désirs.

L'amour fait tout ce qu'il peut pour aimer, et rien pour être récompensé.

L'amour peut prendre la forme d'un sacrifice au bénéfice d'autrui. C'est à cette forme que nous devons aspirer.

Si vous aimez quelqu'un, allez donc le lui dire.

Peut-on imaginer qu'une chose aussi banale qu'un baiser puisse élever les âmes, les cœurs et les pensées des hommes ?

L'amour partagé est le lien le plus sûr.

L'amour est la récompense de l'amour. À trop lui en demander, on l'affaiblit.

Un simple baiser peut rayer les années et vous donner un bain de jouvence.

La plus grande preuve d'amour qu'un homme puisse donner est son sacrifice pour les autres.

Saint Jean, 15, 13

L'amour ne connaît pas la demi-mesure.

Pour qui aime, un baiser volé vaut cent baisers offerts.

L'amoureux redoute tout ce en quoi il croit.

Nous ne sommes pas là où nous habitons, nous sommes là où nous aimons.

Le véritable amour est le plus grand des miracles, il transforme les choses à l'infini.

Quand nous aimons, nous laissons toujours une partie de nous-mêmes derrière nous.

L'amour devient réel quand le cœur autorise une partie d'une autre personne à venir grandir en son sein.

La plus belle histoire qui puisse être racontée gît en silence au fin fond de l'amour.

Un sourire inspirera toujours un autre sourire.

L'amour est aveugle.

Le propre de l'amour est de paraître toujours trop grand ou trop petit.

Toute forme
de beauté procure
un bonheur
ineffaçable.
John Keats

Quand nous sommes amoureux,
c'est l'inspiration de notre cœur
que nous suivons.

L'amour et les tornades
ne passent jamais inaperçus.

L'absence rend le cœur plus aimant.

Être aimé est aussi délicieux qu'inquiétant.

Les pensées, les passions et les joies
Qui mettent en émoi notre enveloppe
mortelle
Ne sont que les Ministres de l'Amour,
Garants de sa flamme sacrée.

Samuel Taylor Coleridge

Il n'existe pas deux histoires d'amour semblables : l'expérience amoureuse est aussi unique que l'objet de notre amour.

En amour, si vous ne risquez rien, vous risquez encore plus.

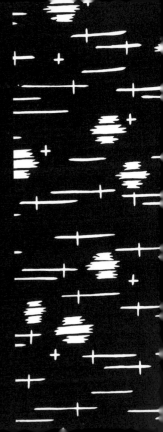

Avant que de mourir, j'aimerais entendre
Une fois encore
Cette voix qui fut ma chanson préférée ;
Parle-moi.

Lord Byron

Il est facile de se regarder dans les yeux,
seuls les amants peuvent traverser les
yeux de l'autre pour voir dans son âme.

Dès que le cœur eut la révélation
de l'amour, il ne fut plus jamais libre.

L'amour rend la vision plus nette et plus
aiguë.

Pourra-t-on remplir le cœur d'amour ?
Pourra-t-on remplir l'océan d'eau ?

La solitude est plus gênante quand on a connu l'amour qu'avant de le connaître.

On devient poète dès qu'on est touché par les flèches de Cupidon.

Il en est qui voient la beauté sur le visage, mais c'est dans le cœur que repose la véritable beauté.

Faites très attention
à l'amour, car s'il est
plus solide que du
béton, il est plus
fragile que le cristal.

L'amour est le paradis sur terre, la mort
de l'amour est l'enfer sur la terre.

Quel cœur saurait résister à la beauté ?

Ma force n'a d'égal que la profondeur de ton amour. Mon courage n'a d'égal que la profondeur de mon amour pour toi.

Mes paroles sont tiennes plus que miennes.

Viens avec moi, sois mon Amour,
Et nous goûterons tous les plaisirs.

Christopher Marlowe

Chaque instant de bonheur amoureux vaut une éternité de vie triste et banale.

Le sourire d'un amant vaut des milliers de mots.

Doutez qu'une étoile soit du feu ;
Doutez que le soleil se meuve ;
Doutez que la vérité soit mensongère ;
Mais ne doutez jamais que je vous aime.

William Shakespeare

Une vie sans amour est aussi
impensable qu'une année sans
saisons.

En amour, il y a les jardiniers
et les fleuristes.

**L'amour et l'amour seul est mon
unique raison d'aimer.**

Le temps est infini pour ceux qui
aiment.

Certains peuvent vous entendre parler. Votre ami écoutera ce que vous avez à dire. Votre amant se suspendra à chacune des paroles que vous ne prononcerez pas.

Tout ce qui trompe enchante, et vice versa.

La récompense de l'amoureux est dans la certitude que son amour a été reçu avec amour.

Je t'aime aujourd'hui beaucoup moins que demain.

Ne cherchez pas à expliquer l'amour, vous risqueriez de le tuer.

Le fait
d'être
aimés
nous
rappelle
que nous
sommes
des
créatures
uniques.

Nos sentiments sont le reflet de nos désirs.

On peut se passer de beaucoup de choses en ce bas monde, mais jamais de l'amour.

Criez votre amour, ou vous aimerez en vain.

La relation la plus profonde que nous connaîtrons jamais est celle que nous entretenons avec nous-même.

En t'accordant mon amour,
je t'accorde ma vie, tous mes
instants d'éveil et tous mes
rêves.

Nul n'a besoin d'être savant pour
reconnaître l'amour à son approche.

On ne décrit pas l'amour parfait avec
des mots, mais avec des actes.

Plus que de l'air qu'ils respirent, les amants ont besoin l'un de l'autre.

L'amour non partagé est un drame, celui d'aimer sans être aimé en retour. Mais la pire souffrance est d'aimer quelqu'un sans oser le lui dire.

Les amants rêvent l'un de l'autre pour prolonger dans le sommeil l'union de leur vie éveillée.

Je t'aime pour ce que tu es.

Je t'aime pour les choses que tu dis et pour celles que tu fais.

Je t'aime pour l'amour que tu me portes.

Je t'aime pour la liberté que tu me donnes de t'aimer.

Je t'aime.

**Un cœur incapable d'aimer,
cela ne s'est jamais vu !**

La passion amoureuse a ceci
d'étrange qu'elle s'apparente
plus souvent à la haine qu'à
l'amitié.

Un amour tiédasse ? Ce n'est pas de l'amour.

Le temps qui est passé à aimer est d'une richesse inouïe.

Une promesse d'amour réchauffe plus que n'importe quel chauffage.

Personne ne pourra jamais nous ôter l'objet de notre amour.

On dit que si vous aimez une personne, il ne faut pas l'empêcher de partir, car si elle revient vers vous, cela prouvera qu'elle ne vous a jamais vraiment quitté.

Pas de pluie, pas d'arc-en-ciel.

Ce n'est pas parce que nous avons besoin d'une personne que nous l'aimons, c'est parce que nous l'aimons que nous en avons besoin.

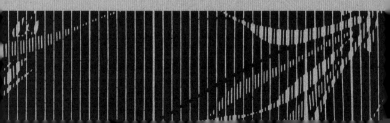

À l'origine d'une liaison, il y a deux personnes. Elles tombent amoureuses et ne font plus qu'une. Mais si l'amour meurt et qu'elles se séparent, il ne reste plus que deux moitiés déchirées.

Le trou laissé par l'amour au moment de sa mort est plus profond que celui qui préexistait à sa naissance.

Il arrive que l'amour fasse des fautes de calcul : dans ce domaine, deux peut être égal à un, et deux moins un peut être égal à zéro.

L'amour n'est pas aveugle, c'est le manque d'amour qui est aveugle.

Le langage de l'amour est unique :
d'un seul coup d'œil par-dessus
son épaule, on peut en dire autant
qu'avec des milliers de mots.

C'est l'amour qui donne à chaque
chose son prix.

Nul n'est pauvre qui aime.

L'amour a le pouvoir d'enseigner
des choses que les études les plus
savantes ne parviendront jamais à
enseigner en dix siècles.

Les voyages s'achèvent en rencontres amoureuses.

William Shakespeare

L'amour non partagé est bien la preuve qu'il est possible d'aimer, et que l'essentiel est là.

On dit que, quand deux êtres s'aiment de tout leur cœur, si l'un pleure, l'autre sent le goût du sel.

Goûtez à l'amour : sans lui, la vie deviendrait pâle et ne serait plus que l'ombre d'elle-même.

La force se mesure à la manière de lâcher prise, et non à celle de retenir les choses.

Il paraît que, sur cette planète, il est plus facile d'avoir mille amours à la fois qu'un seul.

L'amour ne se mesure pas en durée mais en profondeur.

Ne vous demandez pas ce que l'amour peut faire pour vous, mais ce que vous pouvez faire pour lui.

L'amour n'est jamais bon marché.

L'amour, c'est de l'amitié qui a pris feu.

L'amour n'est ni vrai ni faux, l'amour est l'amour.

Ne vous engagez pas dans l'amour avec de trop grands espoirs, n'espérez que ce que vous avez l'intention de donner.

L'amour est l'expression de la simplicité dans les sentiments, le désir impossible qui surgit inopinément, avec une subtilité et un bonheur absolus.

Luyen Dao

L'amour se reconnaît au fait que
le bonheur de l'autre est indispensable
au vôtre.

L'amour est le langage que nos cœurs
utilisent pour se parler.

L'amour est la seule réponse à la fois
saine et satisfaisante à nos problèmes
existentiels.

Aimer davantage : le seul moyen
de guérir un cœur brisé.

L'amour est le meilleur rafraîchissement dans la vie.

Pablo Picasso

Vous serez riche lorsque vous posséderez ce que l'argent ne peut acheter.

L'amour qui se décrit avec les mots de la raison n'est pas sincère. On ne rend pas compte de l'amour.

L'amour peut transformer les plus sages en parfaits imbéciles, et les imbéciles en amoureux parfaits.

Ton premier amour est celui qui te manquera le plus.

L'amour commence par un sourire, grandit dans les baisers et finit dans les larmes.

On ne vous a pas mis l'amour dans le cœur pour qu'il y reste. Votre amour n'est digne de ce nom qu'à condition d'être distribué.

L'amour nous montre tels que nous sommes.

Au bout du compte, on se souviendra, non des paroles de nos ennemis, mais du silence de ceux dont nous nous croyions aimés.

La bonté des mots crée la confiance.
La bonté des pensées crée la profondeur.
La bonté du don crée l'amour.

Le maître ouvre la porte, mais c'est à vous d'entrer.

Proverbe chinois

Si l'amour peut avoir une fin heureuse,
ce n'est pas le cas pour la jalousie.

L'amour est espoir.

L'amour est vérité.

L'amour est confiance.

L'amour est bonté.

L'amour est fidélité.

L'amour est persévérance.

L'amour est humilité.

Si les actes d'amour
peuvent échouer
aussi souvent qu'ils
réussissent,
ils n'en sont pas
moins des actes
d'amour.

Philosophie

Aimer un être, ce n'est pas le tenir pour merveilleux, c'est le tenir pour nécessaire.

André Malraux

L'amour est un papillon qui vous échappera si vous le poursuivez, mais qui se posera peut-être sur votre main, si vous restez tranquillement assis.

Nathaniel Hawthorne

Être heureux, rendre heureux, voilà le rythme de l'amour.

Sri Nisargadatta Maharaj

Le seul transformateur, le seul alchimiste qui change tout en or, c'est l'amour. Le seul antidote contre la mort, l'âge, la vie ordinaire, c'est l'amour.

Anaïs Nin

Aimer est un mauvais sort comme ceux qu'il y a dans les contes, contre quoi on ne peut rien jusqu'à ce que l'enchantement ait cessé.

Marcel Proust

La Terre est ronde pour ceux qui s'aiment vraiment.

Jean Giraudoux

La vie, c'est une folie qui succède à une autre, l'amour, ce sont deux folies qui se cherchent.

Oscar Wilde

Quand je suis triste, je pense à vous, comme l'hiver on pense au soleil, et quand je suis gai, je pense à vous, comme en plein soleil on pense à l'ombre.

Victor Hugo

Le sentiment est la langue dans laquelle s'exprime l'amour avant que nous ne parlions, et nos sentiments sont très bavards...

L'amour est le triomphe de l'imagination sur l'intelligence.

H. L. Mencken

L'amour est le moteur de la vie.

Robert Browning

Aimer, c'est permettre d'abuser.

Pierre Reverdy

Aimer beaucoup, comme c'est aimer peu ! On aime, rien de plus, rien de moins.

Guy de Maupassant

L'amour n'est pas un placebo, son pouvoir est infini.

L'amitié peut se transformer en amour, et cela arrive souvent, mais le sentiment d'amour ne régresse jamais vers l'amitié.

Lord Byron

Seigneur, fais de moi un instrument de Ta paix ! Sur le champ de la haine, fais-moi semer l'amour.

Saint François d'Assise

Un amour débordant, c'est un torrent qui sort de son lit pour entrer dans un autre.

Pierre Dac

Un seul instant d'amour rouvre l'Éden fermé.

Victor Hugo

Pour mille graines d'amour semées, une seule poussera.

L'amour fait fructifier la personnalité comme nulle autre chose au monde.

L'amour est enfant de bohème il n'a jamais jamais connu de loi.

Henri Meilhac - Ludovic Halévy

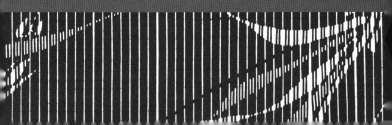

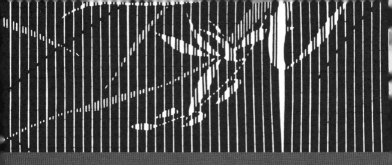

Qui ne sait pardonner ne sait aimer.

Martin Luther King

L'absence n'est-elle pas pour qui aime la plus certaine, la plus efficace, la plus vivace, la plus indestructible, la plus fidèle des présences ?

Marcel Proust

Ce fut un coup de foudre, un amour éternel : un sentiment inconnu et inespéré auquel il ne s'attendait pas, pour autant qu'il s'agisse d'un sentiment conscient. Il en fut possédé entièrement et comprit, non sans une surprise amusée, que c'était pour la vie.

Thomas Mann

En tombant amoureux, nous ne devenons pas un sujet amoureux, nous devenons ce que nous étions déjà.

La joie est un filet d'amour qui capture les âmes.

Mère Teresa

L'amour comme un vertige, comme un sacrifice, et comme le dernier mot de tout.

Alain-Fournier

Avoir besoin qu'on ait sans cesse besoin de nous, c'est presque tout l'amour.

Jean Rostand

Il faut s'aimer, et puis
il faut se le dire, et puis
il faut se l'écrire, et puis
il faut se baiser sur la bouche,
sur les yeux, et ailleurs.

Victor Hugo

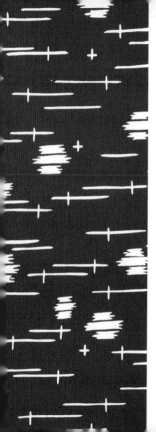

L'amour est la récompense de l'amour.

Schiller

Vieillis à mes côtés, le meilleur reste à venir.

Robert Browning

Où est l'amour, est la vie.

Mahatma Gandhi

Répandez votre amour partout où vous allez. Commencez par chez vous : donnez-le à vos enfants, à votre femme et à votre mari, ou à votre voisin.

Mère Teresa

Tu as le droit de t'accorder de l'amour et de l'affection, ni plus ni moins que quiconque dans l'univers.

Bouddha

Dis-moi qui t'admire et je te dirai qui tu es.

Charles Augustin Sainte-Beuve

On ne voit bien qu'avec le cœur ; l'essentiel est invisible pour les yeux.

Antoine de Saint-Exupéry

Savoir aimer, c'est ne pas aimer. Aimer, c'est ne pas savoir.

Marcel Jouhandeau

L'amour cherché est bon, mais celui qui vient sans être cherché est meilleur.

William Shakespeare

Une passion naissante et combattue éclate ; un amour satisfait sait se cacher.

Voltaire

L'amour se compose d'une âme habitée par deux corps.

Aristote

Tout ce qui trompe
nous enchante.

Platon

N'oubliez pas de
vous aimer vous-
mêmes.

Søren Kierkegaard

L'amour qui économise n'est
jamais le véritable amour.

Honoré de Balzac

À recevoir beaucoup
d'amour, on devient fort,
à en donner beaucoup,
on devient brave.

Lao-tseu

Le sot obéit par peur ; le sage obéit par amour.

Aristote

Mes largesses sont aussi infinies que l'océan,
Mon amour aussi profond,
plus je te donne et plus je prends,
Car les deux ne connaissent pas de bornes.

William Shakespeare

La gravitation n'est pour rien dans le fait que les hommes tombent amoureux.

Albert Einstein

Le verbe aimer
pèse des tonnes.
Ne pas aimer
pèse plus lourd encore.

Félix Leclerc

Le cœur a ses raisons que la raison ne connaît point. On le sait en mille choses.

Blaise Pascal

Il n'est de grand amour qu'à l'ombre d'un grand rêve.

Edmond Rostand

Au contact de l'amour, chacun devient poète.

Platon

Aimer et être aimé : le paradis sur terre.

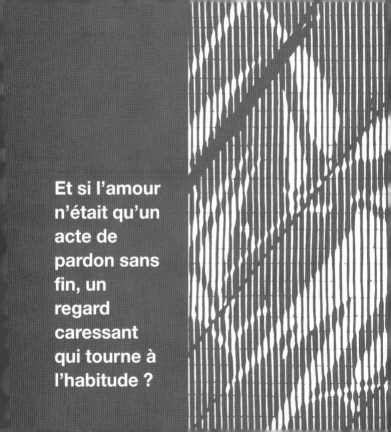

Et si l'amour n'était qu'un acte de pardon sans fin, un regard caressant qui tourne à l'habitude ?

Si tu veux être aimé, aime !

Sénèque

L'amour s'engage dans des sentiers que les loups n'osent même pas emprunter pour chasser.

Lord Byron

Un seul être vous manque et tout est dépeuplé.

Alphonse de Lamartine

L'Amour règne par le délire
Sur ce ridicule univers.
Tantôt aux esprits de travers
Il fait rimer de mauvais vers
Tantôt il renverse un empire.

Voltaire

L'amour, c'est beaucoup plus que l'amour.

Jacques Chardonne

Le jour où nous ne brûlerons pas d'amour, beaucoup d'autres mourront de froid.

François Mauriac

Aimer, c'est n'avoir plus droit au soleil de tout le monde. On a le sien.

Marcel Jouhandeau

À la bonne et sincère amour est crainte perpétuellement annexée.

Rabelais

Quand on aime, on admire avec le cœur. Quand on admire, on aime avec l'esprit.

La bonté en paroles crée la confiance.
La bonté en pensée crée la profondeur.
La bonté en donnant crée l'amour.

Lao-tseu

L'amour est faible à la naissance. Il se fortifiera par l'habitude : sache l'alimenter et avec le temps, il deviendra robuste.

Ovide

L'amour, cette passion si visionnaire, exige dans son langage une exactitude mathématique.

Stendhal

L'amour, c'est l'occasion unique de mûrir, de prendre forme, de devenir soi-même un monde, pour l'amour de l'être aimé.

Rainer Maria Rilke

Le véritable amour, dès que le cœur
soupire
Instruit en un moment de tout ce qu'on
doit dire.

Pierre Corneille

Ceux qui nous aiment nous offrent un gîte où nous reposer, de même que nous trouvons un gîte dans le cœur de ceux que nous aimons.

Nous aimons, non pour être aimés, mais pour aimer.

Il le faut avouer, l'amour est un grand maître ;
Ce qu'on ne fut jamais il nous enseigne à l'être.

Molière

L'amour véritable commence où il
n'attend rien en retour.

Antoine de Saint-Exupéry

Donnez tout à l'amour ;
obéissez à votre cœur.

Ralph Waldo Emerson

L'amour durera si, en plus de leur amour mutuel, les amants aiment en commun de nombreuses choses.

Walter Lippmann

Nous sommes différents aujourd'hui de ce que nous étions hier ; il en est de même de ceux que nous aimons. Quelle chance, si malgré nos propres changements, nous continuons à aimer une personne qui a changé.

W. Somerset Maugham

L'essence de l'amour est un feu spirituel.

Emanuel Swedenborg

Si on juge de l'amour
par la plupart de ses effets,
il ressemble plus à la haine
qu'à l'amitié.

François de La Rochefoucauld

Le grand amour nous rend braves.

Lao-tseu

L'amour vrai, comme on sait, est
impitoyable.

Honoré de Balzac

À quoi ressemble l'amour ?
Il a des mains pour aider
l'autre. Il a des pieds pour
courir vers les pauvres. Il a
des yeux pour voir la
misère et le dénuement. Il a
des oreilles pour entendre
les soupirs et les peines
des hommes. Voilà à quoi
ressemble l'amour.

Saint Augustin

La vie et l'amour ont un point commun : la raison s'y oppose, les plus sains penchants les encouragent.

Samuel Butler

Un cœur plein de joie est la conséquence logique d'un cœur qui brûle d'amour.

Mère Teresa

Il n'y a d'autre remède à l'amour que d'aimer davantage.

Henry David Thoreau

Il est impossible d'aimer en étant sage.

Francis Bacon

L'amour ne donne rien que lui-même et ne prend rien que de lui-même. L'amour ne possède pas ni ne veut être possédé, car l'amour se suffit de l'amour.

Khâlil Gibran

Celui qui aime est plein d'une sagesse qui ne cessera de grandir ; chaque jour, il voit l'objet aimé avec des yeux nouveaux, puisant par la force de ses yeux et de son esprit, les vertus qu'il a trouvées en lui.

Ralph Waldo Emerson

Ce qui se fait par amour se fait toujours par-delà le bien et le mal.

Nietzsche

Telle est la mesure d'aimer
Que nul n'y doit raison garder.

Marie de France

Bonne amour doit de fin cœur naître.

Jean de Meung

L'amour est une belle fleur qu'il m'est interdit de toucher, mais dont le parfum transforme quand même le jardin en lieu d'enchantement.

Helen Keller

Je fus séduit par son courage, sa sincérité et sa grande dignité humaine, et c'est à ces traits de sa personnalité que je veux croire, même si le monde entier la soupçonne de n'être pas exactement ce qu'elle devrait être.
Je l'aime, et tout se résume à cela.

Francis Scott Fitzgerald

Qui aime la liberté a de l'amour
pour autrui. Qui aime le pouvoir
n'aime que lui-même.

L'amour est la question,
la réponse est l'amour.

Un amant qui ne pose pas de
questions n'est pas un amant.

Thomas Hardy

L'amour, dans l'anxiété douloureuse comme dans le désir heureux, est l'exigence d'un tout. Il ne naît, il ne subsiste que si une partie reste à conquérir. On n'aime que ce qu'on ne possède pas tout entier.

Marcel Proust

L'enfer, c'est de ne plus aimer.

Georges Bernanos

Une infinie pitié gît
au cœur de l'amour.
W. B. Yeats

L'absence est à
l'amour ce que le
vent est au feu : elle
éteint les petits et
embrase les grands.
Christopher Marlowe

Les pensées des amants ont des ailes.

La beauté n'est pas sur le visage ;
c'est une lumière qui brille au fond du cœur.

Khalil Gibran

Ils sont beaux, ceux qui reçoivent de
l'amour.

Le monde a soif
d'amour :
tu viendras l'apaiser.

Arthur Rimbaud

Ces yeux d'un bleu,
ô combien impie !

Thomas More

Mes frères, je réclame pour moi ce qui est rude et difficile, pour vous ce qui est doux et tendre.

Saint Jean de la Croix

À force de t'avoir aimée pour ce que tu n'étais pas, j'ai appris à te chérir pour ce que tu es.

André Malraux

On dit qu'il y a dans la mer une infinité de poissons jusqu'au jour où l'on aime : alors, il n'y en a plus qu'un.

Dans le chaos et la confusion, nous restons l'un en l'autre, heureux ensemble et parlant sans une parole.

Walt Whitman

L'amour est plus fort que le trépas, non la raison.

Thomas Mann

Il est du véritable amour comme de l'apparition des esprits : tout le monde en parle, mais peu de gens en ont vu.

François de La Rochefoucauld

L'amour est la fleur de la vie ;
son éclosion est imprévisible
et anarchique. Il faut le cueillir
sur place et en jouir tant qu'il
dure.

D. H. Lawrence

Être aimé, c'est passer ; aimer,
c'est durer.

Rainer Maria Rilke

Ce que tu aimes vraiment demeure,
le reste est scorie.
Ce que tu aimes vraiment ne te
sera pas ravi.

Ezra Pound

Il n'y a aucun pays de la terre
où l'amour n'ait rendu les amants
poètes.

Voltaire

Je suis deux fois stupide : d'abord pour aimer, ensuite pour le dire dans des poèmes plaintifs.

John Donne

La vraie beauté réside dans l'union spirituelle qu'on appelle l'amour.

Khâlil Gibran

Nous sommes bâtis et façonnés par ce que nous aimons.

L'ouverture d'esprit et
l'honnêteté nous apportent
l'amour que nous méritons.

L'amour protège du froid beaucoup
mieux qu'un pardessus.

Henry Wadsworth Longfellow

**Est-il pauvre,
celui qui est
aimé ?**
Oscar Wilde

L'amour est
quelquefois
magique. Mais
cette magie
n'est quelquefois
qu'une illusion.

Trompez les yeux, à la rigueur, mais pas le cœur.

Dieu aime chacun d'entre nous comme si nous n'étions qu'un.

Saint Augustin

Je ne connais qu'un seul devoir, et c'est celui d'aimer.

Albert Camus

Est-ce de
l'amour ?

L'amour a beau être invisible, sans bornes et souvent inaccessible, c'est la force la plus extraordinaire que possède l'humanité.

Il est une manière d'aimer qui vous fait désirer le bien pour une personne, il en est une autre qui vous fait désirer la personne elle-même.

L'amour, c'est vous.

Depuis la nuit des temps, l'homme apprend à respirer l'air, à se tenir droit et à parler, mais il lui reste encore à apprendre l'essentiel, à savoir que, pour ne pas mourir, il faut aimer.

La plupart des gens avouent qu'ils sont prêts à aimer, tant qu'ils ne risquent rien pour leur petite personne.

L'amour offre un bien-être plus intense que la richesse ou l'opulence et peut métamorphoser une personne en un clin d'œil.

Est-il plus grande volupté que dans les premiers jours d'un amour, lorsque deux amants traversent la vie, oublieux de tout le reste ?

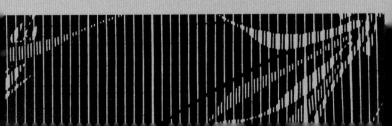

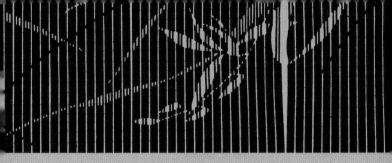

L'amour n'a qu'un ennemi : la vie.

Les sages obéissent par amour,
les imbéciles par peur.

L'amour est une enveloppe remplie
de jalousie, de suspicion, de colère
et de peur.

Qu'est-ce qu'un visage sans amour ?

Nous ne sommes jamais si vulnérables que lorsque nous aimons, jamais si malheureux que lorsque nous avons perdu l'objet aimé ou son amour.

Sigmund Freud

**Tu sauras ce qu'est l'amour
quand tu l'auras trouvé.**

Certains traversent la vie en
éprouvant une honte indélébile
à cause des qualités qui leur
manquent ; ils devraient
savoir qu'il suffit d'avoir du
bon sens et de l'amour.

**L'amour ! Le vœu le plus fou,
le bonheur le plus doux.**

L'amour n'est pas qu'un moyen
d'obtenir de l'autre qu'il vous appelle
« chéri » après avoir fait l'amour.

L'amour viendra vers vous
quand ce sera votre heure.

L'amour est le torrent de la vie.

L'amour est bon et patient ;
il ne connaît ni la jalousie ni le
mensonge, ni l'arrogance ni la dureté.

Épître aux Corinthiens

Pour lui-même, l'amour ne cherche rien,
Et de lui-même, il ne se soucie guère,
Mais pour les autres, il donne tout son bien,
Et bâtit un Paradis à même l'Enfer.

William Blake

Nous, créatures qui formons l'espèce humaine, espèce ô combien étrange, nous échangeons volontiers un mois de douceur contre une vie pleine d'aigreur.

En amour, l'expérience ne compte pas : avez-vous souvent vu un cœur brisé tourner le dos à l'amour ?

Le véritable amour ne connaît pas de fin heureuse : il ne connaît pas de fin tout court.

Qui peut prédire, avant de tomber amoureux, combien l'amour sera un maître intransigeant ?

De quoi est fait ce sentiment ? De tous les petits vides qui émaillent l'amour !

À trop insister sur la haine, la colère, la peine et la blessure, il arrivera que l'amour nous file entre les doigts, ou que l'énergie requise soit trop forte pour nous.

Vous délirez ?
À moins que vous ne soyez amoureux ?

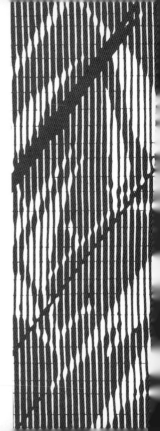

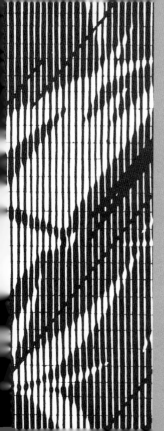

Dans le monde,
il y a ceux qui sont
amoureux de l'être
aimé et ceux qui sont
amoureux de l'amour.

Autant il est possible
de donner sans
amour, autant il est
impossible d'aimer
sans donner.

Qui a envie d'aimer,
s'il n'est aimé en
retour ?

L'amour n'a pas de fardeau à porter.

Une fois la passion déclarée, il est impossible de la mettre de côté.

Mieux vaut avoir aimé un laideron que de ne jamais avoir aimé un bel éphèbe !

Celui qui ne sait pas aimer ce qui est impossible à aimer ne connaît pas le véritable amour.

À chaque fois que deux personnes s'éprennent l'une de l'autre, elles revivent l'expérience de la découverte du feu par l'homme.

L'amour n'a pas de raison de se cacher. Partagez-le avec vos amis et remplissez leur vie en leur racontant votre idylle ; enflammez leurs cœurs, ils seront heureux de votre bonheur.

Le pire gâchis, c'est de mourir en laissant derrière soi un amour non distribué.

L'amour ne coûte rien, contrairement aux accessoires qui l'accompagnent.

Une caresse, un baiser, une
étreinte : autant d'étoiles dans
la galaxie de l'amour.

L'amour attend au bord de chaque larme.

L'amour peut être un tyran,
il n'épargne personne.

Supposons que l'amour est une flamme : va-t-il réchauffer votre cœur, ou mettre le feu à votre demeure ?

Il est impossible d'aimer l'autre sans prendre en charge une parcelle de sa destinée.

Combien de fois disons-nous à notre amant : « Je t'aime, non pour ce que tu es, mais pour ce que je suis quand je suis avec toi » ?

L'amour sait apprivoiser les esprits les plus fous, et rendre fous les esprits les plus sages.

Le secret d'une vie longue et épanouie, c'est de tout faire avec l'amour au fond du cœur.

L'amour fait-il l'objet d'un enseignement ? Nous n'aimons souvent que ce que nous comprenons, mais nous ne comprenons que ce qui nous est enseigné.

La magie du premier amour tient dans notre croyance béate qu'il ne finira jamais.

L'amour n'a que faire du temps qui passe ou du climat. L'amour ne connaît ni saisons ni frontières.

Certains fuient l'amour en bloc, prétendant que c'est une galaxie remplie de sentiments complexes, dont chaque étoile représente une nouvelle dépense.

L'amour, c'est la vie.

Les sages sont aveuglés par l'amour, les imbéciles deviennent illuminés.

Les chagrins d'amour et les peines existentielles ne font qu'un.

Un amoureux sera aimé de tous.

Il est erroné de croire que vous serez aimé pour ce que vous êtes. Vous serez aimé pour les sentiments que vous inspirez aux autres.

Qui s'éprend de lui-même n'a pas de rival.

C'est curieux comme l'amour nous fait rire et parler trop fort.

Voici une règle de vie élémentaire : aimez tant que vous en êtes capable.

L'amour est la solution idéale au puzzle de la vie humaine.

Quand tu es confronté à un adversaire, tente de le conquérir par l'amour.

Mahatma Gandhi

On dit souvent que l'amour est aveugle. C'est faux, car l'amour a une vue tellement parfaite qu'il choisit de voir moins de choses.

En quoi cela vous regarde-t-il que je vous aime ?

Forcer l'amour
est une tâche
aussi facile que
créer de l'or.

Il existe autant de
raisons de tomber
amoureux d'une
personne que de ne
pas en tomber
amoureux.

Vous êtes capable
d'aimer ? Vous êtes
donc bien vivant.

Il est aussi facile
de cacher un amour
qu'une crise de
hoquet.

À vouloir étreindre toute chose avec le même amour, on vide l'amour de tout son sens.

L'amour mûrit comme un fruit, et pourrit si on ne le consomme pas.

L'amour est une équation vitale dans l'arithmétique de la vie.

L'amour est la clé qui ouvre la porte du bonheur.

Les amoureux sont les fous de la nature.

L'amour est à la hauteur de tout ce qu'on en dit. C'est pourquoi les gens sont si cyniques à son sujet.

La sensation d'avoir aimé restera toujours gravée dans notre mémoire.

Beaucoup parlent de trouver l'amour, mais combien le trouveront ?

Quand vous pourrez loger votre bonheur dans celui d'un autre, alors vous connaîtrez l'amour.

Il est plus facile d'aimer
ceux qui nous admirent que
ceux que nous admirons.

À quoi bon les larmes si elles sont
invisibles ?

L'amour, c'est aussi simple et difficile
que ceci : aimez-vous les uns les autres
et vous serez heureux.

Peut-on résister à la tentation de se
regarder dans le miroir des yeux de
l'être aimé, peut-on être encore soi-
même après cela ?

L'amour est inséparable de la
connaissance.

L'amour est le prolongement sexuel
de l'amitié.

Les objets de valeur
susceptibles de nous
accompagner dans la
tombe sont les
amours qui ont eu
une grande valeur
dans notre vie.

L'amitié place les
deux amis sur un pied
d'égalité, tandis que
l'amour prospère
sur le champ de
l'opposition et des
extrêmes.

Une idylle vécue en toute connaissance de cause ne finira jamais en peine de cœur.

L'amour implique le corps, l'âme, la vie et la totalité de l'être.

Quand on nage dans l'amour, on est invulnérable.

L'amour va se nicher dans les coins les plus invraisemblables.

L'amour est un remède : pour celui qui le donne et pour celui qui le reçoit.

Contrairement au vieil adage selon lequel on n'achète pas l'amour, le monde est plein jusqu'à ras bord de personnes qui payent très cher pour lui.

Quel est ce sentiment qui flotte entre deux amants quand leurs corps se touchent ?

L'amour est comme une églantine, beau et délicat à souhait, mais si vous l'attrapez n'importe comment, vous serez piqué par une épine.

Si vous connaissez quelqu'un qui a envie de se perdre dans l'oisiveté, faites qu'il tombe amoureux.

L'amour se moque des serruriers.

Toute personne qui plante des arbres aime les autres, en plus d'elle-même.

L'amitié, c'est quand on donne un baiser et que l'autre tend la joue. L'amour, c'est quand les deux offrent des baisers.

L'amour est comme la rougeole : plus cela se déclare tardivement, plus c'est grave.

L'amour est ce qui reste d'une relation humaine quand elle est débarrassée de l'égoïsme.

Il n'est d'autre source de bonheur dans la vie que d'aimer et d'être aimé en retour.

Si vous voulez être aimé, soyez digne de l'amour. Pour être digne de l'amour, vous n'avez qu'à aimer !

L'amour est source d'épanouissement pour la personnalité.

L'amour et les feux de circulation sont parfois bien cruels.

L'amour et la raison ne font pas bon ménage.

Le désir d'amour est un désert mental qui nous prive de toute joie de vivre.

En amour comme à la guerre, tous les coups sont permis.

En amour, il ne s'agit pas de compter les années, mais de faire que les années comptent.

Un mot nous libère
des fardeaux et des
maux de la vie ; ce
mot est l'amour.

Sophocle

Il n'est rien qu'un être ne tente d'accomplir quand un amour profond emplit son esprit.

Tomber amoureux, c'est facile, ne pas se relever, ce n'est pas beaucoup plus difficile.

Ceux qui sont atteints par l'amour ont un aperçu du paradis.

L'amour est une flamme ; tantôt elle éclaire le chemin du bonheur, tantôt elle vous brûle les doigts.

Une vie sans amour, c'est un tas de cendres refroidies dans la cheminée, un feu éteint, la chaleur et les rires évanouis, une pièce plongée dans les ténèbres.

L'amour, c'est tout. C'est la solution aux mystères de la vie, et ses influences sont celles qui font avancer le monde.

Soyez vous-mêmes. C'est le meilleur chemin vers l'amour.

L'amour est la passion d'un être pour un autre, avec l'espoir d'être aimé en retour.

Comment espérer tomber amoureux si l'on ne sait pas s'aimer soi-même ?

Vivez dans l'amour, mais investissez-le avec sagesse.

On dit que l'amour est aveugle. Si c'était le cas, pourquoi le ferait-on si souvent dans l'obscurité ?

Une fois que vous aurez appris à aimer, vous aurez appris à vivre.

Sans amour, on ne peut rien faire, avec l'amour il n'est rien que l'on ne puisse faire.

Les amants sont deux personnes attachées ensemble par le cœur.

La finalité de l'amour est de servir, non de gagner.

En amour, dès qu'on tente de faire preuve de jugeotte, on devient incapable d'aimer.

Les trois mots nécessaires pour maintenir en place une liaison amoureuse ne sont pas « je t'aime », mais « je suis désolé ».

On ne se contente pas
d'éprouver de l'amour,
On aime vraiment,
On agit,
On vit l'amour.

Baisers

Un baiser facilement reçu s'oublie sans peine.

L'amour dicte le message qui sera ensuite transmis par un baiser.

Un simple baiser annule la distance qui sépare l'amour et l'amitié.

La vie est un don de la nature,
L'amour est un don de la vie,
Les baisers sont le don de l'amour.

Donne-moi un baiser, et ajoutes-en vingt,
À ces vingt, ajoute cent, ça fait cent vingt,
Ajoute encore mille et encore un million,
Multiplie-les par trois, fais ta distribution ;
Après tous ces baisers, nous recommencerons.

Robert Herrick

L'amour est une révélation subite ;
chaque baiser est une nouvelle
trouvaille.

Embrasser, c'est comme boire de l'eau
salée : plus on boit, plus on a soif.

Envoyez vos baisers à ceux qui
sont susceptibles de les apprécier.

L'amour est comme un papillon. Il folâtre où bon lui semble et s'illumine d'un baiser, à la grande joie des passants.

Les lèvres sont les abeilles, les baisers le pollen. L'amour est le miel, doux à l'esprit.

L'amour grandit à force de baisers.

Le baiser est adouci par la passion et sanctifié par l'affection.

Chacun tue ce qu'il aime, que ce soit d'un regard amer, d'une parole flatteuse, d'un poignard ou d'un baiser.

Le baiser est la devise de l'amour.

Le sexe est une démangeaison momentanée.

Un baiser d'amour ne vous laissera jamais partir.

Nulle parole n'est nécessaire entre deux cœurs qui s'aiment.

Le baiser se comprend dans toutes les langues.

Prenez chaque baiser avec amour, retournez-le avec amour.

Un baiser d'amour nous fait retenir notre souffle, et pendant l'instant qui accompagne ce silence, des milliers de paroles restent en suspens.

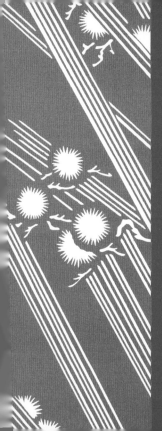

Même des
étrangers ne
peuvent éviter de
tomber amoureux
de ceux qui les
embrassent.
Comment ne pas
aimer l'étranger qui
nous a donné le
baiser de la vie ?

Le cœur humain ressent des choses que les yeux ne voient pas, et un baiser dit les mots que nous n'osons pas dire.

Le baiser est l'agréable trouvaille de soi-même après une recherche errante.

Le silence le plus éloquent est celui de deux bouches échangeant un baiser.

Une conversation entre deux amoureux est déroutante pour tout le monde sauf pour eux : s'ils s'embrassaient, on pourrait les comprendre.

Nous avons deux moyens de répandre notre lumière intérieure : en ressemblant à la bougie ou au miroir qui la reflète.

Choses étranges que les baisers : ils servent de marques de ponctuation dans une relation amoureuse.

Pour l'univers, vous pouvez n'être qu'une personne, mais pour une personne, vous pouvez être l'univers entier.

Attendez celui que vous aimez, et non celui qui vous a découvert en premier.

Le baiser, c'est
l'aventure avec
un grand « A » ;
l'instant
charnière où tout
converge.

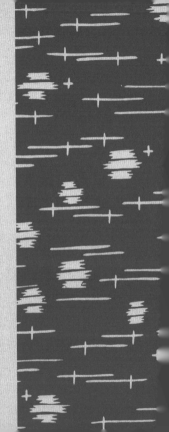

On ne choisit pas de tomber amoureux. On tombe, voilà tout.

Vous oublierez le visage d'un être que vous avez aimé, vous n'oublierez jamais ses baisers.

Soyez prudent quand vous tombez amoureux : vous pourriez continuer à tomber, et à tomber encore jusqu'à la fin de vos jours.

Quand on embrasse quelqu'un, on établit un dialogue entre deux âmes.

On ne fait pas semblant d'embrasser.

Quelle est la profondeur de notre amour ?
Quelle est la profondeur de l'océan ?

**Quand nous tombons
amoureux, nous sommes
rassurés de savoir que nous
ne sommes pas les seuls.**

Quand nous cessons d'aimer,
nous sommes rassurés de
savoir que nous ne sommes
pas les seuls.

Essayer de cacher son amour pour l'autre, c'est comme essayer de cacher un éléphant.

Aimez tant que vous en êtes capables.

Ne vous moquez pas de l'amour, vous pourriez être sa prochaine victime.

L'amour vous guide dans une direction, tandis que l'entendement ruse pour vous attirer dans l'autre. Laissez-vous guider par l'amour.

Un baiser
est un baiser
est un baiser...

Celui qui ne trépigne pas d'impatience n'est pas amoureux.

Il y a un baiser pour chaque circonstance.

L'amour est un refuge, venez vous abriter de la pluie.

Les baisers sont des phares destinés aux bateaux en perdition dans la brume qui s'élève de l'océan d'amour.

L'amour est un poisson, et le baiser l'hameçon.

Les baisers d'amour illuminent le ciel comme un feu d'artifice.

Si vous êtes capable d'aimer, vous êtes capable de vivre.

L'amour n'est pas seulement un sentiment, c'est un engagement éternel envers l'autre.

L'amour est une relation amour-haine : on aime haïr celui qui aime celui que l'on déteste aimer.

Les larmes et les baisers ont un point commun : ils montent du cœur quand certains mots deviennent imprononçables.

Quand il ne reste plus que l'amour, on comprend enfin qu'on n'a besoin de rien d'autre que de l'amour.

Un baiser peut à lui seul changer la face du monde.

Quand vous dites :
« Je t'aime », soyez
convaincu de ce que
vous dites.
Quand vous
embrassez, soyez
convaincu de ce que
vous faites.

Un baiser peut insuffler des sourires à une bouche triste.

Les amis sont les baisers que les anges soufflent dans notre direction.

Croyez au baiser-coup de foudre.

Quiconque peut décrire un baiser ne lui prête pas l'attention qu'il mérite !

Est-ce un baiser de bienvenue,
ou un baiser d'adieu ?

Vous pouvez attendre toute une vie pour mieux connaître une personne avant de l'embrasser, à moins que vous ne l'embrassiez pour apprendre à la connaître en une poignée de secondes.

Il y a le baiser impromptu, et celui qui arrive plus vite que prévu.

Les baisers sont les câbles de batterie du cœur.

Faut-il croire à la sincérité de celui qui ne ferme pas les yeux pendant un baiser ? Faut-il croire à la sincérité de celui qui ferme les yeux pendant un baiser ? Dans un cas, il est peut-être en train de lorgner votre meilleur ami, dans l'autre cas, il rêve à votre meilleur ami. Le mieux, c'est de s'embrasser en se regardant dans le blanc des yeux !

Quand vous quittez quelqu'un en l'embrassant, pensez à la chance que vous avez d'avoir rencontré quelqu'un dont il est si difficile de prendre congé.

En prenant l'option « amour », vous prenez du même coup l'option « bonheur pour toujours ».

**Si vous aimez une chose,
il faut respecter sa liberté.**

Au bout du compte, tout finit
par capituler devant les
sentiments.

Un baiser nous rapproche plus
que n'importe quelle parole.

On peut discourir sur l'amour, mais
on ne connaîtra l'amour qu'en étant
amoureux.

En cas de doute, donnez-lui un baiser.

Les amours les plus durables
sont celles qui n'ont pas
commencé avec le partenaire
parfait.

À chaque baiser, on revit le premier.

L'exil consolide l'amour, mais pas toujours pour la personne exilée.

Les baisers sont la récompense de l'amour.

Ce que la plupart
considèrent comme
étant pure folie, les
toqués l'appellent
de l'amour.

**Le véritable
amour est une
force innée.**

Si vous vous apprêtez à donner un baiser, arrangez-vous pour qu'il en vaille la peine.

Ne vous engagez pas dans une liaison amoureuse en redoutant déjà sa fin.

Aussi étrange que cela paraisse, les symptômes de l'amour sont les mêmes que ceux de la maladie physique ou mentale.

On ne rit ni ne pleure jamais autant que lorsque l'on est amoureux.

Vous savez faire du genou ? Et si vous appreniez à faire du cœur ?

On reconnaît l'amour quand le sourire du cœur devient plus large que celui du visage.

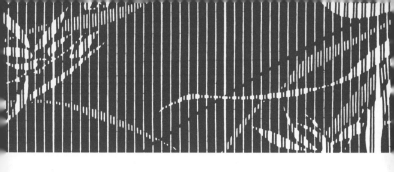

Ne vous laissez pas ridiculiser par un baiser : suivez votre tête, et votre cœur aussi.

**L'amour gonfle le cœur de bonheur, remplit la vie de rires,
et couvre les adieux de chaudes larmes.**

Trébuchez sur l'amour et vous resterez debout, tombez amoureux et vous ne remonterez plus.

Aimer, ce n'est pas modeler l'autre à notre image, c'est l'accepter tel qu'il est.

L'amour est la rosée qui tombe sur les orties et les pétales de rose.

Les baisers
ont la
douceur
d'une
ondée de
printemps.

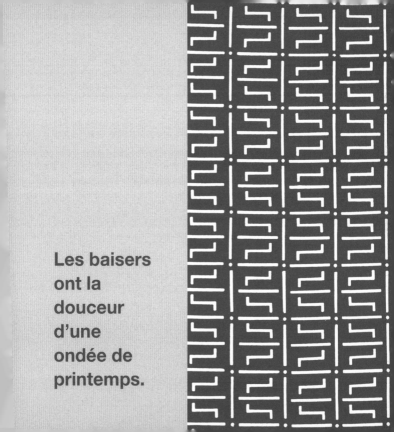

On ne juge pas les êtres que l'on aime.

Je t'aime : trois mots soulignés par un baiser.

Un baiser qui reste au placard perd toute sa valeur. Donnez-le et sa cote montera en flèche.

L'amour que nous cherchons est quelquefois si près de nos yeux que nous ne le voyons pas. Laissez votre cœur poursuivre les recherches.

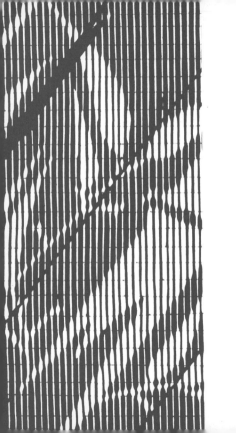

Une chose
est
certaine :
l'amour à
sens
unique
n'est pas
vraiment
de l'amour.

Il n'y a point de déguisement qui puisse longtemps cacher l'amour où il est, ni le feindre où il n'est pas.

François de La Rochefoucauld

Un baiser est une chose que vous ne pouvez donner sans prendre et que vous ne pouvez prendre sans donner.

Rien de tel qu'un baiser pour rompre le silence.

Le premier baiser d'amour
est plus sucré que du miel.

Certains s'imaginent que c'est en ayant prise sur les choses que nous devenons plus forts, alors qu'il suffit quelquefois de lâcher prise.

Il arrive que nous percevions les choses, non pas telles qu'elles sont, mais telles que nous sommes. Les yeux de l'amour nous les font voir différemment.

Un seul baiser ne suffit jamais.

Si vous avez envie d'être embrassé, embrassez.

Savoir exposer son amour, c'est l'apanage des courageux.

Celui qui a connu le
véritable amour ne sera
plus jamais seul.

Un baiser ne ment pas.

Il n'est rien de pire
au monde qu'un
amour feint.

Deux baisers ne
sont jamais
identiques ; il y a
autant de baisers
que d'amoureux
pour les donner.

Le premier baiser
d'amour est une
véritable révélation.

Contentez-vous
de votre amour.
Ne regardez pas
par-dessus votre
épaule pour voir
si quelque chose
de mieux se
profile à
l'horizon.

Fouillez la terre entière pour trouver l'amour, et vous ne trouverez rien. Ouvrez votre cœur pour donner, et c'est l'amour qui vous trouvera.

Nulle part vous ne pourrez vous dérober à la vue de l'amour.

Le plus beau don, c'est un baiser librement offert.

L'amour est la récompense de l'amour.

Vous ne serez riche que lorsque vous serez en possession d'une chose que l'argent ne peut acheter.

Préférez-vous embrasser ou être embrassé ?

Un baiser séjourne un instant
sur les lèvres et passe une vie
entière au fond du cœur.

**Un baiser a le pouvoir de
guérison sur les cœurs
blessés.**

On dit que l'amour commence par un baiser et finit dans les' larmes.

Un baiser peut transformer une vie.

Quelqu'un a-t-il déjà mesuré la
capacité d'amour d'un cœur ?

En adulant l'objet aimé,
on le met sur un piédestal ;
en l'aimant d'un amour vrai,
on le met sur un piédestal
en ouvrant les bras pour
le rattraper, au cas où
il tomberait.

Chacun rêve de tomber amoureux, car c'est l'amour qui fait battre le cœur.

Vous n'apprendrez jamais à embrasser. Faites-le d'instinct.

Un baiser est un soufflet qui attise les flammes de l'amour.

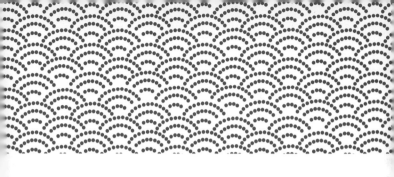

Rien n'élève les sens comme l'amour.

Le souvenir d'un baiser ne meurt pas. Il reste dans le cœur, aussi doux et intact que quand il fut donné.

On devrait toujours
recevoir un baiser
dans l'esprit où il
nous a été donné.

Amour
de soi

La plupart préfèrent donner de l'affection plutôt que d'en recevoir.

Nous ne pouvons contrôler nos sentiments ni plus ni moins que les intempéries.

L'amour est un sentiment qu'on éprouve pour son chien et quelquefois pour un être humain.

L'affection est une friandise dont la recette consiste en une mixture d'admiration agrémentée d'une bonne dose de pitié.

Pourquoi avons-nous si peur d'étaler notre affection ? L'amour prend souvent la forme de quelques paroles agréables prononcées au bon moment, qui peuvent donner beaucoup plus de plaisir que n'importe quel don ou quel cadeau.

À quel moment l'amitié devient-elle de l'amour ? À quel moment une vie devient-elle digne d'être vécue ?

L'amour a de drôles de manières : il s'arrange pour que chacun s'efforce de donner à l'autre un bonheur absolu, et en cas d'échec, pour qu'il s'efforce de lui infliger les pires tourments.

Il n'y a pas de haine sans son revers d'amour.

L'amour est un marché qui, pour être conclu, nécessite deux personnes.

L'amour est
Alléchant, **B**adin,
Craquant, **D**ivin,
Épatant, **F**olichon,
Glorieux, **H**ypnotique,
Ingénieux, **J**uste,
Kamikaze, **L**oquace,
Magique, **N**aturel,
Opiniâtre, **P**rudent,
Quiet, **R**iche,
Sensuel, **T**roublant,
Unique, **V**oltigeur,
Wagnérien,
Xénophile, **Y**é-Yé,
Zélé.

L'amour qui nous est apporté sur un plateau d'argent a souvent moins de valeur que celui qui a fait l'objet de longues recherches.

L'âge ne peut la flétrir,
Ni l'habitude rassir son infinie richesse,
D'autres femmes assouvissent les désirs,
mais elle affame tous ceux qu'elle satisfait le plus.

William Shakespeare

On voudrait nous faire croire que l'amour est mort une fois l'appétit sexuel éteint, mais pour de nombreux amoureux, ce n'est que quand la chair est apaisée que le véritable amour peut naître.

Nous errons à la recherche d'un amour introuvable, persuadés que le nôtre n'est pas digne d'intérêt.

L'amour est le meilleur investissement que l'on puisse faire, à condition d'en prendre le risque.

L'intimité avec l'autre est la plus forte dans les instants de malaise. Quand deux êtres se sentent-ils le plus proche, si ce n'est quand ils connaissent parfaitement les sentiments de l'autre ?

L'essentiel à savoir sur l'amour romantique, c'est qu'il démarre presque toujours sur les chapeaux de roues, et a de fortes chances d'être suivi d'un moment de tristesse et de panne sèche.

L'amour vrai exige des cœurs innocents.

Et qu'est-ce qu'une idylle ?
Généralement, un joli conte de fées
où vous trouvez presque tout
Comme Il Vous Plaira, où la pluie ne
mouille pas votre veste, où les
moustiques ne vous piquent pas le
nez, où tous les jours, c'est
dimanche.

D. H. Lawrence

L'amour ne se mesure pas à son degré
d'intensité, mais à l'aune du temps qui
passe.

Étrange, me direz-vous, qu'une histoire de sexe torride puisse devenir, par son alliance avec les sentiments, une chose si différente et si facile à pardonner ?

Il n'est pas d'amour plus ardent ni plus savoureux que le premier amour.

On considère trop souvent l'amour-propre comme une qualité négative. Mais réfléchissez à ceci : comment une personne qui ne s'aime pas pourra-t-elle en aimer une autre ?

Faites-vous plaisir.

On commence à s'extirper de nos malheurs quand on prend la résolution de se connaître soi-même. Une fois cette tâche accomplie, on peut faire de la place dans notre vie pour laisser le reste nous combler de bonheur.

L'amour est la fusion de deux anges à une aile.

Dans notre for intérieur, nous avons toute liberté de choisir notre âge, alors pourquoi nous laisser importuner par ceux qui prétendent que nous sommes trop vieux pour aimer ?

Il n'est pas un sage parmi vingt qui chanterait ses propres louanges.
William Shakespeare

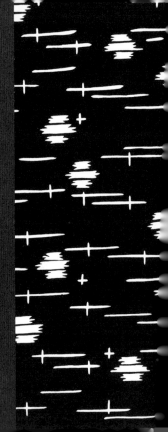

Pour la plupart d'entre nous, le débat de savoir si nous préférerions choisir la fortune ou la beauté commence et finit devant le miroir de notre salle de bains.

L'amour-propre est la forme d'amour la plus arrogante. Il nous persuade que nos défauts peuvent échapper au regard d'autrui, alors qu'ils sont en permanence sous nos yeux.

L'oie blanche n'a pas à se baigner pour devenir blanche. Comme elle, tu n'as rien de plus à faire qu'à être toi-même.

Lao-tseu

Tant que tu ne t'accepteras pas tel que tu es, tu démériteras à tes propres yeux et n'avanceras pas dans la vie.

Le meilleur détecteur de mensonges est le miroir de votre salle de bains.

Dans le miroir, regardez-vous droit dans les yeux en vous disant que vous avez fait tout ce qui était en votre pouvoir.

Nul n'aimera celui qu'il craint.

Dans une vie, l'amour est l'aventure des aventures.

Si vous croyez pouvoir choisir de tomber ou non amoureux, c'est comme si vous croyiez pouvoir prédire quand la foudre va tomber.

La relation la plus durable que vous connaîtrez en ce bas monde, c'est celle que vous avez avec vous-même ; alors, assurez-vous que vous ne vous détestez pas trop.

Il est bien connu que, si tu te sens bien avec toi-même, les autres se sentiront bien avec toi.

Tu es le pire ennemi et le meilleur ami de toi-même.

Il est plus facile d'être en relation avec des milliers de personnes qu'avec soi-même.

Ton Soi est assis dans la voiture
Ton corps est la voiture
Ton intelligence est le conducteur
Et ton esprit le volant

d'après les Upanishads

La forme d'amour la moins partagée, c'est l'amour-propre.

C'est dans une relation en solo que certains
éprouvent les plus grands plaisirs sexuels.

On s'aperçoit qu'une relation humaine est
bénéfique quand on croise deux personnes
en train de se disputer main dans la main.

Pour la plupart des gens, ce sont les points
communs qui donnent à une relation tout
son attrait, mais les menues différences lui
donnent du piment.

Mettez un peu d'égoïsme dans votre relation, si vous voulez qu'elle soit bien huilée.

Pour aimer, il faut une bonne dose d'humour.

Mon attachement pour elle n'a ni l'aveuglement des premiers jours d'une liaison, ni la précision microscopique de ses derniers instants.

Lord Byron

Le propre de l'amour, c'est d'être vulnérable ; il nous laisse ouverts à la possibilité d'avoir un cœur brisé.

L'unique moyen d'éviter un chagrin d'amour, c'est de ne jamais aimer.

L'Amour avec un grand A, c'est l'amour de soi.

Quand l'amour tourne court, c'est comme si la Fée Viviane se transformait en terroriste prêt à dégainer sa grenade.

Comment voulez-vous marier l'amour et la sagesse ? Ce sont deux sentiments antinomiques et incompatibles.

À l'attention de ceux qui seraient tentés de mentir pour gagner le cœur de l'autre : sachez que les foules adorent l'illusion, jamais l'illusionniste.

Quand vous croisez une âme noble, soyez sûr qu'elle carbure à l'amour.

Le grand paradoxe de l'amour, c'est que deux êtres puissent ne faire qu'un en restant deux. Rien de tel dans l'amour-propre.

Vous n'arriverez pas à vous débarrasser de l'amour. Plus vous essaierez de le refiler à quelqu'un, plus il reviendra vers vous.

Mère Teresa nous exhorte à répandre l'amour partout où nous allons, à commencer par notre maison.

En regardant du haut de la montagne du grand âge vers la vie menée ici-bas, on s'aperçoit que les instants de vie les plus intenses furent ceux où l'on s'employait à contenter notre petite personne.

Si l'amour est fils de l'illusion, il est le père de la désillusion.

L'amour peut nous créer ou nous détruire.

L'amour est ce que nous en faisons.

Les miracles sont de purs produits de l'amour.

Je ne peux vous indiquer le chemin de l'amour, puisque vous persistez à le chercher à l'étranger, mais je vous conseille tout de même d'entreprendre votre quête un peu plus près de chez vous.

Ne vivez pas votre amour en égoïste ; l'amour prospère sur la générosité.

Ne laissez jamais repartir quelqu'un de chez vous sans vous être assuré qu'il est meilleur et plus heureux qu'avant. Soyez le reflet de la bonté de Dieu ; ayez la bonté sur le visage, dans vos yeux, sur votre sourire et votre manière de l'accueillir.

Mère Teresa

Quoi qu'il en soit, l'amour ne laisse jamais au cœur le temps de s'ennuyer.

Aimez ceux qui vous aiment.

L'amour donné par pitié n'est pas de l'amour.

L'amour est un chemin obscur où les loups craignent de s'aventurer.

Le plus grand spoliateur de joie de vivre est le vide créé par la convoitise de l'amour.

L'amour au féminin est beaucoup plus rare que l'amour au masculin, les femmes aimant plus et plus rarement que les hommes, qui aiment moins et plus souvent.

L'amour, c'est l'histoire de deux personnes qui partagent leur vie sans pouvoir se passer l'une de l'autre, chacun espérant mourir la veille du jour où l'autre partira pour ne pas avoir à vivre sans lui.

Avec de l'amour-propre, vous ne serez jamais banni.

J'ai d'abord cru que tu avais attrapé mon regard, et au fur et à mesure, j'ai compris que c'est moi qui avais posé mon premier regard sur ton cœur.

L'amour est là pour nous rattraper quand nous tombons ; il est aussi là pour nous marcher dessus.

Aucun être vivant n'est digne de nos larmes. Car celui qui est digne de recevoir notre affection n'aura jamais l'idée de nous faire pleurer.

L'amour nous donne la force d'alléger
notre fardeau ainsi que celui des autres.

**À peine se sont-ils croisés
qu'ils se sont regardés ;
À peine se sont-ils regardés
qu'ils se sont aimés ;
À peine se sont-ils aimés
qu'ils ont soupiré ;
À peine ont-ils soupiré
qu'ils se sont demandé
le motif de leur peine ;
À peine ont-ils connu le motif
qu'ils ont cherché le remède.**

William Shakespeare

Les paroles sont-elles nécessaires
entre deux amoureux ?

**Aucune surprise ne peut rivaliser
avec l'effet magique qui résulte de
la découverte que nous sommes
aimés.**

Qui peut prétendre avoir été trahi par
un amour vrai ?

L'amour est ce lieu où le paradis et l'enfer coexistent.

Celui qui a connu l'amour en le donnant ou en le recevant l'a acquis pour toujours, même si le temps doit effacer les souvenirs. Ce qui a pénétré au plus profond de nous y restera vivant à tout jamais.

Un baiser est un secret révélé à la bouche au lieu de l'être à l'oreille.

Le pont qui relie l'amitié à l'amour est le plus rapide à construire : il se construit en un clin d'œil.

Soyez le meilleur ami de vous-même.

Dehors le temps peut être orageux
mais ensemble nous sommes
un havre
nous.

Plus doux que tous les plaisirs de la terre sont les chagrins d'amour.

Celui qui s'abîme dans une quête errante de l'amour parfait est un vrai Don Quichotte. Il ferait mieux d'employer son temps à le créer.

L'amour, c'est tout ou rien.

Il n'est de bonheur plus absolu que celui de deux amoureux ; il n'est de malheur plus complet que celui d'un seul amant.

Où la raison passe,
l'amour trépasse.

Ne prenez pas le
premier venu ;
commencez par vous
entraîner avant de vivre
le grand amour.

L'amour asservit les hommes libres en leur faisant désespérément chercher quelqu'un à adorer.

Les yeux peuvent mentir.

L'amour est aux couples ce que les fleurs sont au printemps.

La force est aussi bien une question de lâcher-prise que d'avoir-prise.

Nous parcourons la vie en regardant les choses, non pas telles qu'elles sont, mais tels que nous sommes. L'amour est la seule pupille susceptible de redresser notre perception du monde pour avoir quelque espoir de le comprendre.

La terre se refroidit en l'absence d'amour.

Un baiser d'amour ne se refuse pas,
mais n'oubliez pas de le rendre.

**Le chemin du véritable amour n'est
pas sans embûches.**

William Shakespeare

Le premier devoir en amour est
d'écouter.

**Le cœur a ses raisons, la raison
quant à elle est ignare.**

Le corps peut vieillir,
la mémoire peut s'effriter,
mais le cœur ne prend jamais
une ride.

On ne vous jugera pas sur la quantité d'amour que vous donnez, mais sur la quantité d'amour que vous recevez des autres.

La plus grande prise de conscience de soi arrive souvent par un baiser.

L'amour de la beauté sous toutes ses formes est le plus beau don qui nous soit donné.

Y a-t-il expérience plus passionnante que celle qui consiste à livrer notre cœur à l'autre ?

Restez tranquille et écoutez l'amour.

Parcourez le monde pour chercher l'âme sœur si vous y tenez, mais sachez que les amants sont l'un dans l'autre tout au long du parcours.

Ne froncez jamais les sourcils,
vous ne savez pas si
quelqu'un n'est pas en train
de s'amouracher de votre
sourire.

L'amour réduit l'univers entier à un seul être avant de l'agrandir pour lui donner la stature d'un dieu vivant.

Avez-vous déjà été embrassé par un regard ?

Le comble du bonheur, c'est d'avoir la certitude d'être aimé, et d'être digne de cet amour.

L'amour est la bougie qui éclaire notre chemin, nous sommes le miroir qui le reflète.

L'amour ne connaît pas la crainte ; mais l'amour parfait chasse la crainte : car la crainte est un tourment. Celui qui craint ne connaît pas l'amour parfait.

Saint Jean 4, 18

Il n'existe pas de gilet pare-balles contre l'amour.

Voici à quoi nous reconnaissons l'amour :
quand nous croyons que nous sommes
les seuls à savoir aimer,
que personne au monde n'a jamais aimé
comme nous,
et que personne n'aimera jamais comme
nous.

Goethe

Ne cherchez d'autre récompense que
l'amour lui-même.

Ceux qui vivent
pour l'amour
vivent.

Amour
divin

Je sais que je suis tombé amoureux
quand je suis incapable d'expliquer
pourquoi je suis amoureux.

L'amour est beauté, l'amour est beauté
de l'âme, car l'amour grandit en nous.

L'amour est d'essence divine.

L'amour divin s'adresse à ceux qui veulent partager leurs biens avec ceux qui n'ont rien, l'amour étant l'un de ces biens ; c'est pourquoi plus vous avez d'amour, plus vous pourrez le partager.

On ne comprend jamais que ce que l'on aime.

L'amour seul est capable de réunir deux êtres vivants, par un lien qui se trouve au plus profond de chacun.

On ne prend toute
la mesure de
l'amour qu'à
l'heure de la
séparation.

Quand notre amour est
vrai, nous faisons nôtre
la main de notre
amant, et faisons
nôtres ses yeux pour
regarder.

Toute notre vie vécue en amont de l'amour n'était que le prélude à l'amour.

Quand un homme aime une femme, et que cet amour est réciproque, l'ange gardien de l'homme et celui de la femme descendent du ciel pour venir s'asseoir à leur table et chanter leur félicité.

Brahma

Seuls les esprits purifiés sont fin prêts à aimer.

On peut faire appel à l'aide divine si besoin est, il suffit pour cela d'entrebâiller la porte.

Si vous voulez aimer, débarrassez-vous de votre cynisme.

Celui qui n'a pas rencontré l'amour pourra-t-il un jour connaître le paradis ?

L'amour divin est à la portée de celui qui quitte les sentiers battus pour aller rendre les autres heureux.

Des que nous serons guéris, nous apprendrons à aimer et nous guérirons tous les autres.

Les amoureux ne sont pas en peine pour reconnaître la beauté de l'âme.

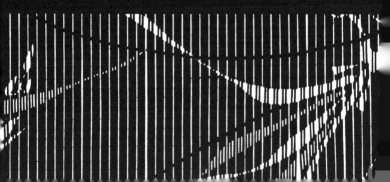

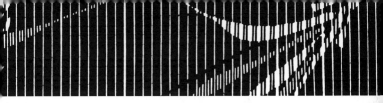

Plus vous donnerez d'amour dans une journée, plus vous en recevrez.

Celui qui partage son amour ne sera jamais seul ; il appartient à une grande famille, unie par les liens de l'amour.

Ne pas confondre l'amour et l'état amoureux : l'amour demeure après la disparition de l'état amoureux.

Quelle idée de mentir pour chercher l'amour ! Mieux vaut être haï pour avoir dit la vérité qu'encensé pour être ce que nous ne sommes pas.

Un brin d'espoir suffit à la naissance de l'amour.

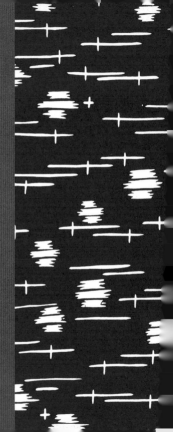

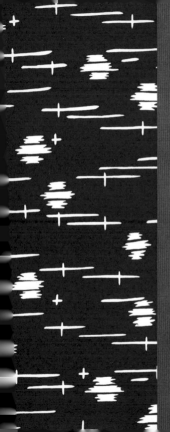

Il n'est qu'un remède à la maladie d'amour, c'est d'aimer davantage.

La beauté de l'amour tient en ceci qu'il ne perd jamais son éclat ; un beau jour, il nous surprend pour ne plus jamais s'en aller. Contrairement au désir luxurieux, il ne meurt pas.

L'amour, l'alpha et l'oméga de notre existence. L'amour, la vérité unique et absolue. Alors pourquoi est-il si difficile de prononcer ce mot ?

L'amour et la suspicion ne pourront jamais cohabiter.

Les choses que nous aimons deviennent une partie de nous-mêmes.

Pourquoi la solitude qui succède à la fin d'un amour est-elle pire que celle qui le précède ?

Saviez-vous que les êtres cachent l'amour comme une fleur trop précieuse pour être cueillie ?

Wu Ti

La vie dans ce qu'elle a de meilleur est faite de ces menus gestes d'amour et de bonté, indicibles et très vite oubliés.

Dans la vie, nous aurons plus de chance de retenir l'océan dans la paume de notre main que d'éviter l'amour.

L'amour, c'est plus que la Saint-Valentin.

Tout d'un coup, vous voilà frappé par le sentiment que vous n'êtes plus seul au monde et que la peur vous a quitté ; c'est alors que vous réalisez que l'amour est devant vous, pour y rester.

Vous ne pourrez trouver votre histoire
d'amour dans l'idylle d'un autre.

L'amour est le gardien des roses de tes lèvres,
Il vole autour d'elles comme une abeille,
Si je m'approche, il se lève,
Si je l'embrasse, il me pique.

Thomas Lodge

Je t'aime, non pour ce que tu es, mais pour ce que tu es à l'instant où je t'aime, et pour ce que tu fais de moi.

Le véritable amour crée un « nous » sans détruire le "je".

Le seul amour valable est celui que nous donnons sans contrepartie.

Pour le voyageur amoureux, cent kilomètres ne paraissent pas plus longs qu'un kilomètre.

Proverbe japonais

La vie est un voyage, l'amour est ce qui rend le voyage captivant.

On peut aussi le regarder sous un autre angle : même l'amour non partagé est une forme d'amour.

Sachez que l'amour, c'est ici et maintenant.

L'amour, c'est la
chose la plus
importante dans
notre vie.

L'amour est
l'artisan de nos
plus doux
souvenirs.
L'amour est le
fondement de
tous nos rêves.

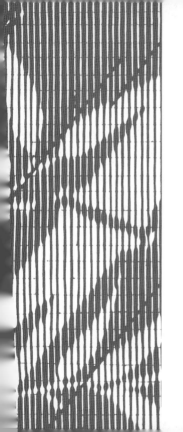

Dans le cours d'une vie, on peut dilapider une fortune, pas l'amour.

L'amour est une graine qui peut fleurir dans les lieux les plus invraisemblables.

On ne reçoit pas de récompense pour aimer. L'amour est déjà une récompense.

Qui est véritablement amoureux peut sentir qu'il est la raison de vivre d'une autre personne.

La vérité ne quittera jamais ceux qui ressentent un amour l'un pour l'autre.

Certains ont du mal
à accepter que
l'amour soit une
question de choix.

On peut avoir la capacité d'aimer sans en avoir la compétence.

Quoi de plus éminent que l'amour ?

Aimer, c'est loger notre bonheur dans le bonheur d'un autre.

Il arrive que les amants soient séparés par de longues distances, mais jamais par leur cœur.

Chaque sourire fut
inspiré par un autre
sourire, qui inspire un
autre sourire, qui
inspirera…
Souriez.

Rien ne voyage aussi
loin ni aussi vite
qu'une peine de
cœur.

Quand vous partez en voyage, n'oubliez pas d'emporter le souvenir d'un baiser.

Vous reconnaîtrez le véritable amour à ce que c'est lui qui vous sollicitera, après quoi vous ne pourrez plus jamais le cacher.

Je t'enverrai des baisers car je sais à quel point tu aimes ça.

Aimer, c'est savoir d'une part, quand il ne faut pas sauter par-dessus un pont avec quelqu'un, et d'autre part, quand il faut être en bas pour le rattraper.

L'amour est toujours déjà là, mais il faut savoir le reconnaître.

Aucune parole n'est nécessaire entre deux amoureux.

Le souvenir de l'amour ne meurt pas.

Aimer, c'est manquer de souffle pour prononcer les mots que vous avez en tête, et envoyer à la place le message par les yeux.

C'est le lot de tous les humains que de savoir qu'ils sont mortels. L'amour est la seule chose qui nous parvienne de l'éternité.

L'amour est une rue à double circulation.

Le cœur humain sent les choses que les yeux ne voient pas et celles que l'esprit ne comprend pas.

En embrassant quelqu'un, nous en apprenons plus sur nous-même que nous ne l'aurions imaginé.

Le silence qui passe entre deux amants fait des discours interminables.

Les gens qui ne sont pas faits l'un pour l'autre se comportent comme une paire de chaussettes dépareillées. Il est probable que l'un des deux s'usera avant l'autre.

Il y a autant de formes d'amour
qu'il y a de personnes à aimer.

Le souvenir de l'amour demeure
souvent plus longtemps que celui
de l'aimé.

L'amour n'arrive pas toujours
au moment opportun.

Qui préférera marcher sous la pluie, quand on lui offre le refuge de l'amour ?

L'homme n'habite pas dans une maison, il habite dans son amour.

Rien n'est plus amer au goût qu'un amour non déclaré.

Vous n'aurez jamais trop
d'amour à donner.

**Pour être heureux en amour,
un conseil : donnez votre
amour à ceux qui le méritent.**

Aussi peu soucieux des autres que tu sois, tu as tout de même besoin d'amis.

Proverbe chinois

À ceux que nous aimons le mieux, nous pouvons dire le moins de choses.

Tout bien pesé, vous êtes la somme de tout ce que vous aimez.

L'amour et la haine
font bien meilleur
ménage que l'amour
et l'indifférence.

Les symptômes de l'amour :

Vous apprenez votre
poème préféré par cœur.

Une énergie infinie
se déchaîne en vous.

Vos pieds ne touchent plus
le sol.

Tout vous paraît beau.

Vous dites : « je t'aime » et vous le pensez.

Aimez à la folie. Vous risquez d'être blessé, mais c'est le seul chemin vers une vie de plénitude.

Parlez lentement, mais pensez vite.

Quand vous perdez l'amour, ne perdez pas la leçon qu'il vous a apprise.

L'amour sans risques n'est pas de l'amour.

L'amour facile se perd facilement.

La guerre ne tuera pas l'amour, l'amour peut tuer la guerre.

Qui veut voyager loin ménage son amour.

Il n'y a pas lieu
d'être indifférent
à la fin d'un
amour : en
perdant l'amour,
on perd d'un
seul coup les
milliers de vies
que l'on a
vécues en
aimant.

Dans le cours de la vie, nous devenons ce que nous avons aimé.

L'amour est comme un églantier
L'amité est comme le houx
Le houx est sombre tandis que l'églantier fleurit.
Mais lequel poussera avec la plus grande constance ?

Emily Brontë

Est-il un amour plus fort que celui qui n'est pas consommé ?

L'amour est un jeu qui se joue sans règle, et si on joue loyalement, sans perdant.

Le chemin qui mène chez
un amant n'est jamais long.

Le seul endroit où l'amour n'a aucune valeur, c'est sur un court de tennis.

Mieux vaut avoir aimé puis perdu l'amour que de ne jamais avoir aimé du tout.

L'amour que vous donnez est celui-là même que vous recevrez.

Vers qui peut-on se tourner quand la seule personne capable de vous consoler est celle qui vous a fait pleurer ?

L'état amoureux est le meilleur pédagogue.

C'est l'ours en peluche qui enseigne à l'enfant ce qu'est l'amour : répondre présent quand on a besoin de lui.

Ne craignez pas de donner trop d'amour. Vous n'en serez jamais à court.

Vous devrez apprendre à vivre comme une éponge, si vous voulez être aimé par des cœurs débordants.

Distribuez votre amour quand l'autre le mérite le moins, car c'est à ce moment-là que vous faites œuvre utile.

Prenez le temps d'aimer, sinon quelqu'un d'autre s'en chargera à votre place.

Le véritable amour est difficile à trouver, difficile à perdre, mais impossible à oublier.

L'amour s'introduit au moment
où le reste vous quitte.

Aimer, c'est savoir à chaque instant
oublier et pardonner.

Sans grands efforts, pas de grande
œuvre ni de grand amour.

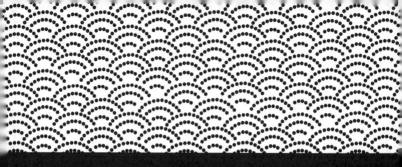

Le véritable amour ne se présentera
peut-être qu'une fois dans votre vie,
alors gardez les yeux grands ouverts !

**Ne vous contentez pas de la
personne avec qui vous pouvez
vivre ; trouvez la personne sans
qui vous ne pouvez pas vivre.**

L'amour est
une forme
de démence
passagère.

Ne croyez pas
pouvoir choisir votre
amour ; un beau jour,
il vous tombera
dessus sans prévenir.

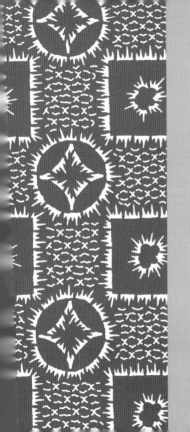

Une partie de nous-
même reste toujours
là où nous avons
aimé.

Tous les
amoureux ont
l'esprit jeune.

Aimez, aimez,
tout le reste n'est rien.
Jean de La Fontaine

Traduction : Christine Rousselet

Pour l'édition originale anglaise
parue sous le titre *A Thousand Paths to Love* :
Copyright © MQ Publications Limited 2001
Texte : © David Baird 2001
Conception graphique : Broadbase

Pour l'édition française :
© 2003 Albin Michel S.A.
22, rue Huyghens, 75014 Paris
www.albin-michel.fr

ISBN : 2 226 12986 3
N° d'édition : 12574
Dépôt légal : 1ᵉʳ semestre 2003

Imprimé et relié en Chine